NOTE

A LA CONDUITE DE M. BRUNET,

DE L'INTÉRIEUR A L'ILE DE LA RÉUNION.

M. Sarda-Garriga fut nommé par le Gouvernement provisoire Commissaire général à l'île de la Réunion ; il partit en mai 1848.

M. A. Brunet fut appelé à la direction de l'intérieur ; il était alors dans la colonie, avocat au barreau depuis vingt ans, membre du Conseil colonial, à la tête d'un groupe de créoles éclairés qui poussaient le pays à adopter les généreuses inspirations de M. le duc de Broglie, afin d'éviter l'éclat d'une émancipation improvisée.

Cette position, dans la politique locale, et le caractère de M. Brunet, lui avaient acquis de l'influence et du crédit sur la population noire. C'était alors le créole le plus populaire de la colonie ; c'est pourquoi on le nomma, sans le consulter, Directeur de l'intérieur ; le Gouvernement voulant s'aider de son action efficace pour faire la transformation sans violence, sans secousse intérieure.

Pour M. Brunet, homme sans ambition, à la tête d'un premier cabinet, l'acceptation de ces fonctions difficiles constituait un acte de dévouement ; il accepta, dussent ses intérêts en souffrir et sa popularité s'amoindrir, car c'est à ce prix qu'on dirige les affaires publiques, surtout aux époques de crise et de révolution.

1850

Pendant les rudes jours de la transformation jusqu'en octobre 1849, voici ce qu'on constate : *pas un fait de rébellion ; pas une menace ; l'harmonie au milieu des trois classes de la population ; toujours et partout l'ordre, la paix, la sécurité ; les vieillards et les infirmes recueillis ; pas un vagabond ; les ateliers de discipline réduits à cent quarante individus ; le travail organisé et maintenu ; la confiance inspirée aux affranchis ; une récolte s'achevant plus belle que celles des deux années d'esclavage qui l'ont précédée ; le crédit rétabli ; les éléments organisés d'une prospérité à court terme ; l'espoir et la confiance dans tous les esprits.*

Ce résultat, qu'on peut appeler miraculeux, après cette *brusque* émancipation, console l'âme, surtout lorsqu'on voit la Guyane succomber d'inanition, les Antilles luttant depuis deux ans contre l'anarchie et ayant éprouvé leurs sanglantes journées de juin.

A qui ce résultat est-il dû? Certainement ce n'est pas au hasard, car le jeu des événements et leur improvisation ne conduisent pas, pendant plus d'une année, une société, frappée au cœur par une loi qui, à défaut de mesures pour en faciliter l'exécution, pouvait devenir une cause de *désorganisation ;* ne conduisent pas, disons-nous, à un résultat régulier, méthodique, sans incident fâcheux. C'est donc là l'œuvre de l'homme. Sera-ce de celui-là seul (M. Sarda), qui, inconnu, ignorant la colonie, ses mœurs, ses besoins ; n'ayant aucune notion de l'administration, n'apportait pour contingent qu'un bon vouloir (oui, un bon vouloir, M. Brunet se plaît à le proclamer!..), ou de celui qui, sachant le pays, ses ressources, ses misères, ami des populations, préparait, inspirait, contre-signait les institutions, en réglait et dirigeait le mécanisme?

C'est avec ce cortége, connu du ministère, que M. A. Brunet arrive en France pour se défendre d'un mauvais incident électoral.

Les élections à la Constituante avaient été évitées ; c'était une occasion de trouble écartée.

Celles à la Législative étaient fixées au 30 septembre 1849.

Trente-sept mille électeurs étaient inscrits. Les instructions ministérielles portaient *formellement* que les nouveaux affranchis devaient voter. Ils se disposaient à le faire. L'Administration était maîtresse de l'ordre ; elle dominait la position, et cette population, douce, laborieuse, sympathique, n'avait à elle aucun candidat.

Malgré cette heureuse situation, des réclamations furent publiquement apportées au Commissaire général, afin qu'il eût à *empêcher* les affranchis de voter (n° **1**).

C'était une démarche imprudente, irritante et inutile, que sollicitait une presse d'agitation, les ennemis des noirs affranchis.

La réponse officielle fut que la loi serait exécutée.

Il convient qu'on sache que M. Sarda, comme Administrateur, et dans sa vie privée, le Ministre de la marine et le Directeur des colonies, n'a-vaient pas cessé d'être l'objet d'injures de la part du journal *le Com-merce,* soutenu par quelques hommes ennemis de la liberté des noirs (n°⁵ **2-3**).

M. Sarda, toujours inquiet sur sa position provisoire, souvent irrité, se décida, peu avant le 30 septembre, à tenter une nouvelle politique. Il fit une tournée dans les campagnes, appela à lui de nombreux affranchis, les *invita* à ne pas voter. C'était un premier pas fait vers ses ennemis et en opposition avec ses paroles officielles et les ordres ministériels. Cette manœuvre eut un plein succès, car sur vingt-cinq à vingt-six mille élec-teurs affranchis, quelques centaines seulement allèrent déposer leur bulletin.

Le vote du 30 septembre fut insuffisant pour valider l'élection, per-sonne n'ayant atteint le huitième des voix des électeurs inscrits. Mais le candidat rédacteur du journal *le Commerce* avait obtenu sept cents suffrages de plus que son adversaire. Ce fut pour M. Sarda, il paraît, un trait de lumière (l'événement et ses actes le prouvent). Des violences avaient été exercées pour écarter les affranchis de l'urne; elles ne furent point pour-suivies; les adversaires de la veille et d'une année durant louèrent M. Sarda dans *le Commerce* (n° 4).

Le Directeur de l'intérieur, dans l'intérêt de la liberté du vote, et comme protestation contre ces violences impunies, fit la lettre du 8 octobre (n° 5). M. Sarda, qui, explicitement, ne pouvait désapprouver cet acte de probité et d'obéissance à la métropole, put en être contrarié, puisqu'il avait un sens et une portée contraires à sa nouvelle marche politique et à cette intervention qu'il avait exercée en personne peu de jours avant l'é-lection (n° 4).

De là, cette péripétie qui va expliquer la disgrâce de M. Brunet.

Voici la relation des particularités qui s'y rattachent :

M. Sarda, à diverses reprises, alors surtout qu'il avait hautement avoué sa candidature, avait reproché au Directeur de l'intérieur de ne pas vouloir se mêler des élections (n° 6). En dernier lieu, il voulait même faire donner des ordres aux maires et aux agents officiels pour agir dans ses idées. Il était alors dans le paroxysme de la colère contre le journal *le Commerce*. Il s'en expliqua nettement avec l'abbé Levasseur, supérieur d'une mission, ecclésiastique vénéré, et sollicita son concours. Il insista de nouveau auprès du Directeur et finit par lui dire : *Servez-vous des abbés Morand et Le Breton ; lancez-les dans les campagnes, afin d'y faire une propagande vive et démocratique.*

Ces prêtres étaient alors retenus au chef-lieu pour cause disciplinaire. Ils étaient suspectés de doctrines trop démocratiques. Dans la colonie, par cette expression *démocratie*, on entend *fusion des classe, adoption sincère de la liberté des noirs.*

Nouveau refus du Directeur, qui repoussait toute manœuvre d'agitation.

Au dernier moment, M. Sarda déclara à ce fonctionnaire qu'il fallait *absolument* donner des ordres contre la candidature du rédacteur du journal *le Commerce*, parce qu'il la considérait comme imjurieuse à sa personne, au pouvoir qu'il exerçait et au ministère. Il rencontra une nouvelle résistance de la part de ce chef de service, qui, se trouvant alors au Gouvernement, voulut consigner sur un papier les termes de l'injonction de M. Sarda ; il le fit de suite.

Toute la colonie sait que ce Commissaire général manifestait en toute occasion la volonté d'influencer les élections.

M. Sarda, dans le même but, avait entretenu le Commissaire central de police, qui, à plusieurs reprises, en parla au Directeur. Une dernière fois, cet officier de police, s'étant présenté dans les bureaux de la direction, dit à M. Brunet qui lui livrait la lettre du 8 octobre (n° 5) : *Je voudrais avoir une note écrite des intentions du Commissaire général, car ma mémoire n'est pas bonne.* Le Directeur, qui avait fait copier la note, la livra à l'agent de police en même temps que la lettre (n° 5), en lui disant : *N'agissez pas avant d'avoir conféré avec le Commissaire général, auquel nous parlerons de cette démarche insolite.*

Cette note est consignée sur un papier *volant, sans date, sans signature, sans adresse ; sans mention d'envoi.* Jusque-là elle n'était connue de personne.

Voilà quant au caractère ostensible. Il y a donc absence *de toute publicité, de toute remise officielle, de toute preuve d'un ordre donné d'agir.*

Quant au caractère occulte, qu'on voudrait attribuer à la conduite du Directeur, celui-ci déclare hautement et affirme sur l'honneur *qu'il n'a donné aucun ordre confidentiel d'agir dans le sens de cette note; que l'imputation est calomnieuse et recèle une perfide machination* (n° 7).

La demande de cette note de la part de l'agent de police, son arrivée immédiate à M. Sarda, sans que le Directeur en ait été prévenu, établissent la conviction d'une pensée préconçue, d'une base d'hostilité, de scission, dont le dénouement va revêtir des formes brutales, injurieuses, et cela afin d'éviter une explication, explication qui était *un devoir, une nécessité de service,* avant d'accorder confiance à un document aussi étrange, et à la dénonciation de l'agent de police. Voici la relation de cet incident, faite textuellement par **M. A. Brunet.**

« Le 10 octobre, j'arrivai au Gouvernement afin de faire signer quel-
« ques pièces au Commissaire général. Je le trouvai sous la galerie, en
« compagnie de **M. Fery.** A peine avais-je fait le salut de politesse, qu'il
« invita M. Féry et moi à le suivre dans son cabinet. Aussitôt arrivé en
« cet endroit, M. Sarda me dit avec vivacité : *Il faut que vous donniez à*
« *l'instant votre démission.* Surpris de cette brusque apostrophe, dont
« j'ignorais la cause, je lui répondis que je ne le comprenais pas. Alors, s'a-
« dressant à M. Fery avec brusquerie : *Dites donc à M. Brunet de donner*
« *sa démission; faites-lui comprendre que nous ne pouvons aller ensemble,*
« *et qu'il devient impossible.* M. Fery répondit : *Je ne puis me charger*
« *d'un semblable message, d'autant plus que je ne comprends pas moi-*
« *même pourquoi vous voulez exiger de M. Brunet sa démission.* M. Sarda,
« s'animant incessamment, prit un papier et me dit : *Cette note, c'est vous*
« *qui l'avez donnée;* il me la lut précipitamment. Comme je ne pouvais la
« bien saisir, je le priai de me la livrer, afin que j'en prisse une copie à
« l'instant même. A peine l'avais-je entre les mains qu'il la reprit avec
« brusquerie en disant : *Je vous en ferai moi-même une copie.* Je fis alors

« observer au Commissaire général que la note qu'il venait de lire rapide-
« ment était le résumé de de ce qu'il m'avait dit cent fois, en me donnant
« l'ordre verbal de faire exécuter ses intentions, ce que je n'avais pas
« voulu faire. J'ajoutai qu'il m'avait nombre de fois prescrit des mesures
« que j'avais toujours repoussées avec énergie ; que, d'ailleurs, cette
« note ne signifiait rien ; que si c'était celle remise au commissaire de
« police, *elle n'avait aucun caractère, n'emportait aucune injonction*
« *d'agir*, et comme j'en avais combattu l'esprit, j'avais dit à cet agent
« de police : *Il faut voir le Commissaire général, afin de lui faire com-*
« *prendre que vous ne devez pas agir ainsi.* Je déclarai à M. Sarda que
« je sortais de chez le Commissaire central de police pour lui réclamer la
« note et venir en conférer avec lui, mais que cet agent m'avait répondu
« s'en être dessaisi dans les mains du Commissaire général ; et comme je
« disais à ce haut fonctionnaire : *Je ne m'attendais certes pas à l'accueil*
« *que je reçois de vous*, il me répliqua : *Vous voulez me donner un dé-*
« *menti.* Sur ma réponse brève et négative, il m'injuria en employant les
« expressions les plus inconvenantes : *canaille, b....., f.....*, avec gestes
« et animation désordonnée. Je me vis dans la nécessité de lui demander
« si c'était commme Commissaire général, s'oubliant, ou comme parti-
« culier qu'il m'injuriait ; que, suivant son explication, j'aurais à lui
« répondre. Il répliqua *que ce ne pouvait être que comme Commissaire*
« *général.* — Alors je crus devoir faire retraite, je ne l'ai plus revu. —
« Ainsi je n'ai pu avoir d'explication : cette scène, feinte ou naturelle,
« avait probablement pour objet de l'éviter. La colonie sait que M. Sarda
« est irritable et d'un caractère mobile, qui le porte à injurier et à
« caresser l'instant d'après, et réciproquement. J'éprouve un senti-
« ment fort pénible en relatant cet incident, car je n'oublierai jamais que,
« pendant une année, M. Sarda, qui a présidé aux destinées de mon pays,
« qui a usé de son pouvoir et de son autorité pour faire le bien, m'a
« associé à ses actes en m'accordant sa confiance. Oui,..... ce passé
« appelle ma gratitude envers lui, mais j'ai dû me défendre : voilà mon
« excuse. »

Le 12, le Commissaire général écrivit au Directeur de l'intérieur la lettre (n° 8), et le 13 il reçut la réponse (n° 9).

Il ressort de ces deux documents que M. Sarda a refusé de livrer copie de la note incriminée; qu'elle s'est trouvée entre ses mains après avoir été demandée perfidement par l'agent de police, à qui elle est parvenue *sans envoi, sans ordre d'agir, sans date, sans signature, sans caractère officiel, sans observation de cet agent au Directeur.*

En admettant que l'agent de police eût dit à M. Sarda qu'il avait reçu un ordre verbal d'agir (on sait qu'il n'y en avait pas d'écrit), pourquoi en avoir cru sur parole cet employé subalterne, avant de requérir une explication du Directeur? Pourquoi ne pas plutôt suspecter la sincérité de l'agent de police, dont le rôle mystérieux révèle une mauvaise pensée? N'est-ce pas lui qui, d'office, va dire : *Je tiens la note?* Si cette pièce lui était suspecte, pourquoi n'a-t-il pas écrit ou dit au Directeur qu'il ne pouvait en suivre la prescription, au lieu d'aller vers on ne sait qui pour susciter l'orage qui a éclaté? Pourquoi?... C'est qu'au fond de tout cela il y a une odieuse machination, une complicité de perfidie, dont M. Sarda peut bien n'être pas l'inventeur.

Cette note, reconnue informe, n'avait donc reçu aucune publicité jusqu'au moment où elle parvint au Commissaire général. Si ce haut fonctionnaire l'avait trouvée mauvaise, et ne s'y fût pas reconnu, il devait faire venir le Directeur de l'intérieur, s'en expliquer avec lui d'une manière calme, et lui dire : *C'est là un mauvais acte, je vous rends ce papier.* Voilà comme agissent des fonctionnaires supérieurs qui connaissent leurs devoirs; qui ont le sentiment des convenances; qui respectent les positions, et qui savent, qu'au lieu de briser l'existence d'un honnête homme, de l'obliger à d'immenses sacrifices, pour *une erreur sans publicité*, il faut immédiatement y couper court par des représentations; conseiller une voie meilleure ; se montrer paternel et digne du pouvoir, en apportant dans l'exercice de son autorité une bienveillance qui n'exclut pas la justice et l'énergie. — On ne joue pas sur un acte sans caractère, sans publicité, la réputation, l'existence publique d'un homme de quarante-cinq ans, dont la conduite a été sans reproche, et qui vient d'aider si puissamment à cette belle œuvre pacifique d'une transformation sociale.

Si le Commissaire général accuse le Directeur d'avoir voulu influencer les élections d'une manière *immorale*, celui-ci lui répond par écrit (n° 9). *La note incriminée semble avoir été écrite sous votre dictée. Loin d'avoir voulu influencer les élections, j'ai reçu de vous bien souvent le reproche d'avoir, quant à ce, gardé une attitude passive.*

Ainsi le Directeur, en repoussant l'accusation, la renvoie à M. Sarda, qui alors garde le silence.

D'un autre côté, comment croire que le Commissaire général et le Directeur n'étant pas d'accord, même étant divisés de doctrine et de conduite depuis la tournée de septembre et la lettre du Directeur du 8 octobre, n° 1602 (n° 5), celui-ci aurait eu la niaiserie de vouloir se compromettre en recommandant la note en question, faite dans l'*intérêt d'amour-propre et de position de M. Sarda?* Il y aurait là quelque chose de contraire au sens commun.

D'un autre côté, comment admettre que le Directeur de l'intérieur, qui a sous ses ordres immédiats les agents de police, au lieu de les faire venir à lui pour leur donner *verbalement* des instructions *qu'il faut couvrir du sceau de la discrétion,* ait eu la simplicité de livrer ces instructions *écrites,* s'il eût voulu y faire donner suite?

Il y a donc eu, évidemment, dans cette démarche de l'agent de police, un dessein prémédité d'établir un grief contre le Directeur.

Si l'on accuse le Directeur d'avoir *antérieurement* été d'accord avec le Commissaire général pour intervenir dans les élections, on répond : Jamais aucune accusation de ce genre n'a été dirigée contre M. Brunet; c'est celui-ci qui a fait cette imputation à M. Sarda (n° 9) sans dénégation de ce dernier. Le document (n° 6) jette une lumière entière sur ce fait.

Au fond, le litige se réduit à ces termes : M. Sarda accuse M. Brunet d'un fait immoral résultant d'influence électorale; celui-ci répond : C'est faux; c'est vous-même qui, toujours, avez voulu influencer les élections.

Entre ces deux assertions contradictoires, à laquelle doit-on donner confiance?

Pour M. Brunet, indépendamment des considérations déjà exposées et qui rendent l'accusation improbable, en y ajoutant cette brutale, inutile et inexplicable colère du Commissaire général, à l'occasion d'un fait sans publicité, sans exécution, sans caractère officiel, on peut dire en faveur du Directeur : Il a exercé vingt ans au barreau; et, sur les notes annuelles du Gouvernement local, envoyées au ministère; on ne trouvera pas même une observation douteuse sur sa conduite privée ou publique. Créole influent et sans ambition, le Gouvernement métropolitain est allé le chercher pour, à l'aide de son crédit sur les populations, accomplir heureusement la transformation. Il s'est rendu à cet appel, en abandonnant ses habitudes modestes et de famille, et sacrifiant un cabinet de premier rang. Par les pièces (n°s 10, 11, 12, 13), on verra l'opinion de quelques fonctionnaires ou colons considérables sur son compte.

Maintenant de quels procédés le Commissaire général use-t-il à l'égard de ce Directeur?

Le 12 octobre, au soir, il lui ordonne de partir IMMÉDIATEMENT pour la France, afin d'y rendre compte de sa conduite. Le 13, M. Brunet accepte; le 15, il était embarqué sur le *seul* navire en partance; cependant il avait, par écrit, demandé un *temps moral suffisant pour assurer l'existence de sa famille et faire quelques préparatifs de voyage.* A cette réclamation, si juste, si naturelle! aucune réponse, si ce n'est l'avis donné par un tiers, et verbalement, qu'il fallait s'embarquer de suite, sinon qu'il serait arrêté et emprisonné. — Cet ordre brutal d'un départ *immédiat* s'expliquerait difficilement, même à l'égard d'un farouche conspirateur, d'un ennemi de l'ordre. Certainement M. Sarda n'a pas cherché à l'expliquer, à le justifier à l'égard du Ministre; on en comprend la raison; il avait une pensée secrète, mauvaise; la voici expliquée : il fallait placer M. Brunet dans l'impossibilité d'un départ en quarante-huit heures, et le forcer ainsi à une lâche démission qui eût tacitement justifié l'accusation, — ou, si M. Brunet partait, l'empêcher de recueillir des témoignages de sympathie et des preuves de l'odieuse machination tramée contre lui.

C'est en effet dans les quarante-huit heures qu'il faut partir pour un voyage qui entraîne une absence d'environ un an. Pendant ces courtes heures, il faut remettre un service important; régler des affaires personnelles; formuler des instructions; se procurer des fonds pour lui et pour les siens; faire face au concours d'amis et de sympathies qui se pressaient chez lui; assister au chevet du lit d'une mère octogénaire fort malade, et de trois de ses enfants atteints d'une cruelle épidémie! et il lui faudra partir sans avoir pu faire confectionner des vêtements indispensables à la traversée, et en dépensant plus de 6,000 fr., au lieu de 2,000, alloués par le Commissaire général.

Pour bien des personnes, il y avait là l'impossibilité d'un départ; mais M. Brunet, accusé d'immoralité politique, s'est dit : Mon honneur avant tout.

Si l'on se demande la raison de cette extraordinaire conduite de M. Sarda, voici comme elle doit s'expliquer :

Jusqu'à la veille des élections, ce haut fonctionnaire avait été poursuivi, de la manière la plus odieuse, par le journal *le Commerce*, et attaqué jusque dans sa vie privée. Toujours irrité, parfois découragé, il voyait sa position ébranlée en France, et souhaitait de la conserver. Le Procureur général tolérait les attaques de la presse; il se fâcha contre ce magistrat (n° 14) qui, en dernier lieu, devint son homme de confiance. Il l'accusait publiquement de pactiser avec le journal *le Commerce*. Peu de jours avant l'élection, M. Sarda fut sollicité du camp ennemi; on lui demanda de s'opposer au vote des affranchis; c'est alors qu'il fit sa tournée *seul*. Il reçut les congratulations du journal *le Commerce*. L'élection eut lieu le **30** septembre, où six mille quatre cent cinq électeurs seulement se présentèrent sur trente-six mille sept cent vingt-trois inscrits. Les affranchis s'étaient abstenus; et la violence avait été exercée contre ceux qui avaient voulu se présenter; violence demeurée impunie. L'élection, sans résultat, à défaut, par tous les candidats, d'avoir réuni le tiers des électeurs, donna toutefois sept cents voix de majorité au rédacteur du *Commerce*. Ce fut, pour M. Sarda, il paraît, le dernier trait de lumière. On fut à lui, on lui promit appui en France, appui à Bourbon (1), il fit volte-face; et comme il fallait donner un gage, le Directeur de l'intérieur fut sacrifié. — Voilà la moralité de toute cette affaire.

---

(1) Une pétition parcourait la colonie, après les élections, pour demander au Gouvernement de maintenir M Sarda quatre ans encore à son poste.

DOCUMENTS A L'APPUI.

Nº 1.

Adresse de plusieurs Maires de communes à M. le Commissaire général.

Une question immense, dont la solution renferme peut-être tout l'avenir de la colonie, agite depuis quelque temps les esprits; il s'agit de savoir dans quelle étendue et à quelles conditions le principe nouveau pour la France, plus nouveau encore pour les colonies, du suffrage universel, doit être interprété et appliqué parmi nous......

...... Les conseillers municipaux viennent vous prier de suspendre, jusqu'à réponse de l'Assemblée législative, l'application dans cette île de la loi électorale du 15 mars 1849, et la convocation des colléges électoraux.

(Journal le Commerce, 4 septembre 1849.)

Nº 2.

...... Une bourse, cette honorable récompense des services....., vient d'être, sans examen préalable, sans formalités aucunes, accordée — le croirait-on? — à Mlle W...., dans la personne de son jeune frère.

Qu'est-ce que Mlle W....? Mlle W.... est une jeune modiste, une lionne, les délices de la jeunesse dorée de la ville....., la *lasciva puella* du poëte romain.

Les grands seigneurs de l'ancien régime et les sybarites du Directoire renvoyaient certaines visiteuses la tête couronnée de papillotes faites avec des bons du Trésor et des billets de banque. Les grands seigneurs du nouveau régime....., coiffeurs plus splendides encore, font ces papillotes avec des brevets de bourses collégiales.

...... Nous sommes, sous ce rapport, plus avancés que la métropole...... Ici, c'est différent, on ne se gêne pas avec nous.

Ces messieurs ne nous font-ils pas trop d'honneur en nous faisant *payer ainsi leurs menus plaisirs ou leurs espérances de conquêtes érotiques?*

Nous comprenons que ce scandale, cette profanation, ait pris naissance à l'hôtel du Gouvernement, à l'hôtel aux salons naguère si aristocratiques les jours de réception, si austère tout le reste de la semaine, et converti, depuis l'avénement de la République, *en une maison de garçon*. Mais ce que nous expliquons difficilement, c'est que M. le Directeur de l'intérieur, auquel, avec tout le pays, nous rendons cette justice de reconnaître et de proclamer que, s'il est le plus déplorable des administrateurs, il est *l'homme privé dont les mœurs et les principes ont le plus de pureté*..... ait consenti à se faire le complice d'un tel oubli de la loi de la morale..... C'est au nom de la pudeur et de l'honnêteté publique que le journal *le Commerce* proteste contre ce qu'il appelle, à juste titre, le scandale et une profanation..... *Un seul mot : Arrière !* (1)

N° 3.

Nous colons, qui ne savons que trop ce que vaut cette direction des colonies, surtout depuis que, de chute en chute, elle est tombée aux mains de M. *Mestro*..... Oui, tout le mal vient de M. *Mestro !*..... C'est des bureaux de M. Mestro que partent toutes les mesures, toutes *les lois*, tous *les hommes* dont les gratifie ou les afflige la bonne ou la mauvaise humeur du *maître*. M. Mestro est peut-être..... l'ennemi le plus réel qu'aient jamais eu les colons..... On sait que la conduite de M. *Fiéron*..... n'a eu d'autre résultat que de provoquer sa disgrâce et son rappel immédiat ; grâce à la faiblesse inexplicable de l'homme le plus usé de la France, M. *de Tracy*, Ministre de la marine, ou, pour mieux parler, gardien du portefeuille de la marine, qui, depuis longtemps, n'a plus de secrétaire d'État, et par suite surtout de l'influence de ce commis d'administration, si hostile aux colonies, qu'on a précisément nommé leur directeur M. *Mestro*, de désastreuse mémoire.

Si la députation coloniale à l'Assemblée législative acquiert de l'influence..... son premier devoir sera de tâcher de débarrasser ses commettants de ce premier commis, ennemi d'autant plus dangereux qu'il est plus dissimulé.....

N° 4.

M. le Commissaire général est parti pour faire une tournée. Quoique le moment pût paraître équivoque, puisqu'on est à la veille des élections, M. le Commissaire général sera accueilli sans défiance et avec la courtoisie qu'il connaît. On se souviendra des paroles qu'il a dites à une députation de noirs : *Consultez vos anciens maîtres, et si vous n'avez pas confiance en eux, si vous ne comprenez pas le droit électoral que vous êtes appelés à exercer*, ABSTENEZ-VOUS.

---

(1) Cette diatribe a été basée sur un prétendu fait consommé, alors qu'il était de notoriété que lorsque cette demande de bourse est parvenue au *Directeur de l'intérieur*, celui-ci l'a déchirée ; mais il fallait alimenter le public de scandales.

M. le Commissaire général n'a pas cru, cette fois, devoir se faire accompagner de M. le Directeur de l'intérieur. *C'est là du tact et du respect pour l'opinion.*

(*Commerce*, 11 septembre 1849.)

L'essai qui vient d'être fait du suffrage universel, applicable indistinctement à toute la population coloniale, est le meilleur argument que nous puissions présenter plus tard contre le maintien de cette monstrueuse politique.

Il servira à constater deux choses : la première, c'est que la population éman-.cipée....., par *son obéissance passive aux ordres de M. Sarda, a prouvé elle-même qu'elle n'était encore ni assez intelligente..... ni assez indépendante pour en faire l'application* (suffrage universel).

Nous devons nous féliciter de ce que M. le Commissaire général, dans ces circonstances difficiles, comprenant parfaitement le rôle qu'il avait à remplir, ait fait tourner au profit de l'ordre menacé l'immense *influence qu'il exerce sur la classe émancipée. L'attitude pleine de sagesse, d'impartialité et de prévoyance qu'il a prise dans sa tournée, et qu'il a conservée à son retour à Saint-Denis, mérite de justes éloges que nous nous plaisons à lui accorder et qui seront ratifiés par le pays.* (*Commerce*, 2 octobre.)

N° 5.

Lettre du Directeur de l'intérieur au Commissaire central de police, du 8 octobre.
N° 1602.

Monsieur le Commissaire central, les élections qui viennent d'avoir lieu n'ont pas abouti ; elles devront recommencer le 21 de ce mois.

L'expérience nous a révélé qu'il y avait quelques précautions à prendre, il faut s'y préparer.

Des propos criminels jetés au sein de la population ont éloigné du vote la plus grande masse d'électeurs. L'autorité et ses agents doivent, par tous les moyens légitimes et possibles, faire comprendre à tous les électeurs qu'ils doivent voter, que c'est un devoir impérieux pour eux.

Je vous invite donc à donner à vos subordonnés des instructions formelles dans ce sens.

N° 6.

Lettre de M. Gros, négociant, au Directeur de l'intérieur, 2 août 1849.

Vous le voyez ! M. le Commissaire général est contrarié, et il a raison, de la neutralité que vous vous êtes imposée à l'occasion des élections futures. Il s'en est expliqué clairement hier soir, en vous répétant plusieurs fois que vous aviez tort, *que vous étiez trop mou.* A-t-il peur de Greslan ?....

Mais que dites-vous de l'exaltation qu'il a montrée en parlant des clubs de noirs qu'il voudrait faire établir?.... Excusez!.... il lui faudrait des milliers d'électeurs, tambours et bannières en tête!.... Pour ceci, je vous approuve, quand vous voulez rester étranger à de semblables manœuvres. Ce sont là des moyens révolutionnaires...... qu'un administrateur ne saurait ni patroner ni favoriser sans se salir.

Toutefois, je ne puis approuver la presque indifférence que vous mettez à la chose électorale.... que vous, par besoin d'ordre, pour conserver le travail, comme vous le dites, vous ne fassiez pas vos efforts, par le seul concours de l'appel à la raison publique!.... Je ne puis que vous répéter que je ne vous comprends pas.

Ne voyez-vous pas que la conservation du travail est au prix de la fusion progressive, incessante et sans précipitation, de toutes les classes qui composent notre société?

Or, pensez-vous que vous n'aurez pas fait acte de citoyen tiède à l'endroit de la chose publique, si, par votre abstention de toute influence, vous laissez arriver des candidats qui, par principe, repoussent toute conciliation et veulent conserver cette exclusion de tout bien-être à la classe la plus nombreuse et la moins fortunée?

Ne voyez-vous pas le parti qui nous est hostile repousser partout les affranchis et les remplacer par des Indiens? Je sais que les noirs sont paresseux; mais espère-t-on en faire des travailleurs en les livrant au vagabondage? Ne finiront-ils pas par se livrer à des désordres graves, si on les laisse dans l'abandon, la misère, les vices les plus affligeants..... (Suivent des conseils.)

Donc, à mon avis, comme à celui de M. le Commissaire général, quoiqu'à des points de vue différents, vous ne pouvez vous abstenir de donner vos soins aux élections sans manquer à un devoir impérieux.

Le calme du pays est subordonné à la solution de cette question sociale..... Ceux qui résistent ne sont pas les amis du pays, ou bien ils sont évidemment égarés. Pourquoi donc, sans violence, sans contrainte, et par l'appui seul de la raison, de la justice, ne travaillez-vous pas à les empêcher d'arriver aux Chambres?

N° 7.

Lettre de M. Labadie, commissaire de police d'arrondissement et de chef-lieu, à M. Sully-Brunet, du 15 octobre 1849.

Le cœur gros de douleur, je viens vous apprendre.... Mais, non!.... Vous avez tout appris déjà!... votre frère vient d'être la victime *d'une infernale machination*, que vous saurez déjouer, je l'espère, etc......

N° 8.

Lettre du Commissaire général au Directeur de l'intérieur, du 12 octobre 1849.

...... Je vous ai représenté hier la lettre que vous avez adressée, sous le N° 1602, au Commissaire centrale de police, au sujet des élections du 21. A cette lettre était jointe une *feuille volante, non signée,* contenant des instructions à transmettre à tous les fonctionnaires de la police. Vous avez reconnu devant moi que ces instructions, aussi bien que la lettre précitée, émanaient de votre cabinet, sans que vous m'en ayez donné aucune connaissance, et contrairement aux ordres que vous avez reçus de vous abstenir de tout acte d'intervention dans les élections, le Gouvernement devant et voulant rester complétement neutre dans une circonstance aussi délicate.

Ces instructions, qui m'ont été remises par M. le Commissaire central, sur ma demande, sont de nature à déconsidérer le chef de la colonie et les membres de son administration, en leur attribuant la coupable pensée de vouloir peser de toute leur influence sur les élections qui se préparent.

Il y est dit, en effet : Le Commissaire général compte sur le concours actif de tous les fonctionnaires de la police pour assurer ce que vous ne craignez pas d'appeler le succès des candidats que soutient le Gouvernement. Vous avancez aussi que je regarderais comme injurieuse toute démarche qui aurait pour but de faire triompher la candidature de celui qui n'a cessé de m'injurier gratuitement, ajoutant que toute adhésion dans ce cas serait considérée comme un acte de violente opposition à l'administration. Vous donnez enfin aux Commissaires d'arrondissement l'ordre de visiter les commissaires de police de leur ressort, pour leur faire comprendre la pensée du Gouvernement.

L'exécution de ces instructions, transmises par vous, à mon insu, je le répète, aurait constitué l'acte le plus immoral que puisse commettre un gouvernement républicain....... Je viens donc aujourd'hui, en exécution de l'article 76 de l'ordonnance du 22 août 1825, vous offrir les moyens de passer *immédiatement* en France, pour rendre compte de votre conduite au Ministre, etc.....

N° 9.

Réponse du Directeur de l'intérieur, du 13 octobre 1849.

...... Je n'ai pas droit le discuter la résolution que vous avez prise à mon égard. Mon devoir est de m'y soumettre, et vous me trouverez, dans cette circonstance, fidèle à tous mes antécédents. Sans doute, il est pénible pour un homme de se voir enlever aussi inopinément à son pays, à sa famille, à toutes ses affections ; mais comme il s'agit de moralité et de probité politiques, cette considération ne saurait m'arrêter. J'accepte l'offre de passer en France. *J'espère cependant que vous voudrez bien m'accorder un temps moral suffisant pour faire quelques préparatifs indispensables de voyage, et surtout pour assurer l'existence de ma famille pendant mon absence......* Votre détermination rend toute explication inutile. Cependant, il est une circonstance que vous omettez, et que je tiens à vous rappeler ici. Vous me parlez d'une feuille volante, non signée, qui se serait trouvée jointe à des instructions officielles adressées par moi au chef de la police. Je regrette que vous n'ayez pas cru devoir me remettre une copie *littérale* de ce qu'elle contient. A la lecture rapide que vous m'en avez faite dans votre cabinet, il m'a été facile de reconnaître les recommandations verbales que vous m'avez chargé plusieurs fois de transmettre à la police. Cette note, qui n'a d'ailleurs aucun caractère officiel, et dont ma lettre du 8 octobre, N° 1602, ne fait aucune mention, semble même avoir été écrite sous votre dictée. Vous ne pouvez avoir oublié l'observation que je vous ai faite à ce sujet, en présence de M. André Fery, maire de la commune de Saint-André.

Vous m'avez reproché bien souvent l'attitude passive que je gardais, voulais garder, et que j'ai gardée, dans les élections, comme Directeur de l'intérieur. Aussi, ce n'est pas sans quelque surprise que j'apprends aujourd'hui que j'ai cherché, par mon intervention, à entraver la liberté des votes. J'ai voulu, il est vrai, assurer à tous ceux qui ont le droit de voter l'exercice de ce droit. J'ai voulu que le système d'intimidation employé le 30 septembre, avec tant de succès, ne vînt pas de nouveau compromettre la sûreté publique et fermer le scrutin à ceux des nouveaux citoyens qui pourraient se présenter. Voilà quelle a été l'intervention du Directeur de l'intérieur. Il m'est impossible de comprendre comment cette intervention a provoqué la détermination que vous venez de prendre à mon égard.

N° 10.

Lettre de M. Barbaroux, représentant de la Réunion, alors procureur général, écrite au moment de quitter la colonie, à M. A. Brunet, alors au barreau.

...... J'ai trop appris à vous connaître pendant mon séjour à Bourbon, mon cher Monsieur, pour ne pas être très-empressé à vous offrir mes faibles services pour tout ce qui pourra vous être utile et agréable. Ce sera pour moi une compensation pour tout ce que je n'ai pas fait ou n'ai pas pu faire pendant mon séjour ici.

Quoi qu'il en soit, de près comme de loin, je vous prie de croire que mon estime vous est acquise; que je considère comme un honneur d'avoir la vôtre, et que je saisirai avec un vif empressement toutes les occasions que vous voudrez bien m'offrir de vous prouver mon attachement.

Nº 11.

Lettre de M. Ch. Des Bassayns à M. A. Brunet, du 15 octobre 1849 (1).

...... Je suis doublement affligé, pour vous et pour M. Sarda, de tout ce qui s'est passé. Je crains pour l'élection de votre frère. J'étais assez dépité de la première épreuve. Je comprends tout ce que votre bon cœur a d'épreuves à supporter en laissant votre mère, votre femme et vos enfants. Ai-je besoin de vous dire combien je sympathise à vos souffrances ; mais c'est le moment de faire appel à votre énergie. *vous qui êtes sans ambition*, n'oubliez pas que vous avez pris une part active à l'époque la plus mémorable de notre pays , et que vous vous êtes associé à tous les actes qui l'ont tiré d'une position qui devait le perdre à jamais, etc.

Nº 12.

Lettre de l'abbé Jouen, chef de la mission de Madagascar, supérieur des Jésuites,
à M. A. Brunet, du 15 octobre 1849.

Monsieur le Directeur, je suis désolé d'être arrivé trop tard pour vous souhaiter un heureux voyage.... Permettez que j'y supplée par ce mot d'écrit, qui vous portera, avec l'expression de ma vive reconnaissance, celle des vœux sincères que je forme pour votre heureuse traversée , ainsi que pour votre heureux retour.

Nº 13.

Lettre de M. Robert , trésorier en chef, du 15 octobre 1849, à M. Sully-Brunet.

Votre frère Auguste...... vous fera connaître les détails , les véritables causes qui l'ont forcé à entreprendre ce grand voyage. Pour moi , je ne puis m'expliquer, quant à présent, comment M. Sarda, qui, depuis son arrivée ici jusqu'à ce jour , avait été si bon pour votre frère, si plein de confiance , je puis même dire si affectueux, a tout à coup rompu ses relations avec lui , et enfin, lui a intimé l'ordre d'aller en France rendre compte de sa conduite. Après cela , mon cher Sully, je disais encore ce matin à votre frère que c'était peut-être un bonheur pour lui que M. Sarda l'ait placé dans la nécessité de partir pour France. Vous devez savoir toutes les tribulations qu'il avait à supporter depuis son avénement à la direction de l'intérieur , de la part d'une opposition calomnieuse et dégoûtante, dont M..... s'est constitué le chef..... Je vous déclare ici qu'il ne pourra pas y avoir de gouverne-

---

(1) M. Ch. Desbassays, grand propriétaire , beau-frère de M. Villèle, a été le plus ferme appui de M. Sarda , et a contribué à le faire maintenir à son poste. Cela peut être attesté par le ministère , la direction des colonies et M. Jurieu.

ment possible, avec la liberté illimitée de la presse..... quand vous saurez tous les mensonges, toutes les calomnies, toutes les atrocités, qui ont été débités par écrit et en plein vent par vos ennemis, etc.....

N° 14.

A M. le Directeur de l'intérieur.

Saint-Denis, le 13 février 1849.

Je vous prie tout de suite de voir **M.** le procureur général, et de l'entretenir de l'article du journal *le Commerce*, de ce matin. **M.** le procureur général y verra peut-être un délit *caractérisé* par les lois en vigueur sur la presse. Dans ce cas, il y aurait lieu à *faire saisir ce journal.*

Salut et fraternité.

Signé, SARDA-GARRIGA.

M. le procureur général n'a pas sans doute lu le *Commerce*, sans cela, il serait venu me voir.

Paris, Paul Dupont.

9 782329 152059